DIMITER INKIOW

Maus

Vier mausige
Katzengeschichten

ILLUSTRIERT VON INGEBORG HAUN

Inhalt

Und wenn ich nicht rauskomme?

Die Maus Micki hatte ein Stück Käse
angeknabbert.
Die Katze Elvira war empört:
„Ooooh!" miaute sie. „Mein Frauchen
wird sich denken, ich war der Übel-
täter. Sie wird sicher mit mir
schimpfen. Ich muß die Maus fangen."
Und sie stürzte sich auf die Maus.
Aber Micki hatte die Katze rechtzeitig
bemerkt.

Schnell huschte sie in
ihr Loch.
„Komm sofort
heraus!"
miaute Elvira
empört.
„Du hast den
Käse angeknabbert. Ich muß dich
fangen!"
Von drinnen kam die piepsige Stimme
der Maus Micki: „Und wenn ich nicht
        rauskomme?"

                „Du mußt rauskommen!
                 Du hast den Käse ange-
                   knabbert. Darum muß
                   ich dich fangen!"
                „Und wenn ich nicht raus-
                   komme?"

10

„Dann werde ich vor deinem Loch
warten, bis du rauskommst."
„Und wenn ich nicht rauskomme?"
„Ich warte so lange, bis du raus-
kommst!"
„Und wenn ich nicht rauskomme?"
„Irgendwann mußt du ja raus-
kommen. Und dann werde ich dich
fangen."
„Und wenn ich nicht rauskomme?"

„Oooooh, miauuuu! Du willst mich ärgern. Ich befehle dir zum letztenmal freiwillig herauszukommen!"
„Und wenn ich nicht rauskomme?"
„Dann werde ich dich aus deinem Loch holen!"
Die Katze Elvira stürzte sich auf das Loch und begann wütend zu graben.

„Miau! Miau! Miau!"
Sie grub und grub und grub. Und
immer wieder hörte sie die Stimme von
Maus Micki: „Und wenn ich nicht
rauskomme?"
„Es ist jetzt egal, ob du rauskommst
oder nicht rauskommst! Ich habe dich
bald . . ."

„Und wenn ich nicht rauskomme?"
Jetzt war die Stimme ganz nah.
Elvira streckte ihre Pfote aus. „Jetzt
habe ich dich endlich!"
In ihren Krallen hatte sie aber nicht
die Maus Micki, sondern ein winzig-
kleines Tonbandgerät, das immer
wiederholte: „Und wenn ich nicht
rauskomme?"

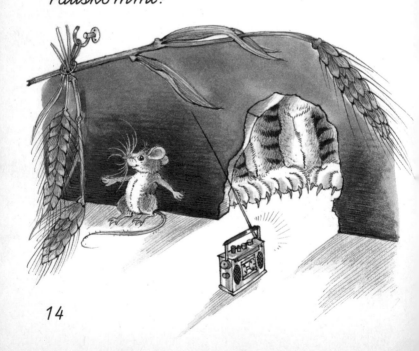

Inzwischen hatte die Maus Micki den Käse ganz aufgefressen und war in ein anderes Loch geschlüpft.

Kannst du mich fangen?

„Möchtest du mich fangen?" piepste die Maus Micki plötzlich vor der Nase der Katze Elvira.

„Jaaa!" miaute Elvira. Und stürzte sich auf die Maus Micki.

Aber die Maus war schneller. Sie flitzte wie eine Rakete durch das Zimmer.

„Ho-ho-hu-hi! Du kannst mich nicht fangen. Du kannst mich nicht fangen."

16

„Das werden wir sehen, miaauuu . . .“
miaute Elvira und machte einen
Riesensprung. Sie verfehlte die Maus
Micki wieder und fiel auf die Nase.
„Aua-miau-aua!“
Das tat ihr weh.
„Du darfst nicht so große Sprünge
machen, pieps-pieps. Arme Katze.
Soll ich dich trösten?“
„Du brauchst mich nicht zu trösten.

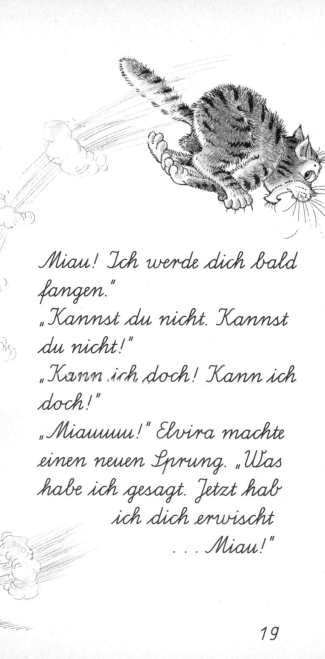

Miau! Ich werde dich bald
fangen."
"Kannst du nicht. Kannst
du nicht!"
"Kann ich doch! Kann ich
doch!"
"Miauuuu!" Elvira machte
einen neuen Sprung. "Was
habe ich gesagt. Jetzt hab
ich dich erwischt
. . . Miau!"

19

Endlich hatte sie die Maus Micki.
„Pieps! Das war ein guter Sprung!"
meinte die Maus. „Bitte, laß mich jetzt
aber los . . ."

Elvira ließ die Maus
los und miaute:
„Jetzt jagst du. Ich
wette, daß du mich
nicht fangen kannst!"

Ein Hund, der das alles beobachtet
hatte, fragte verwundert:
„Sag mal, Katze, warum frißt du die
blöde Maus nicht?"
„Bist du denn verrückt?" miaute Elvira.
„Und mit wem soll ich danach Fangen
und Verstecken spielen?"

Die Maus,
die bellen lernte

Zwei Mäuse fanden einmal zwei
Goldstücke.
Sie hüpften zweimal hoch vor Freude.
„Jetzt sind wir zwei reiche Mäuse! Was
machen wir mit soviel Geld?"
„Ich weiß es! Ich weiß es!" rief die eine
Maus. „Ich habe gehört, daß der
königliche bengalische Tiger der König
aller Katzen der Welt ist. Ich werde
ihm das Goldstück bringen und ihn

um einen Brief bitten, der erklärt, daß
ich unter seinem königlichen Schutz
stehe. Mit so einem Brief in der Tasche
wird sich keine Katze der Welt trauen,
mir etwas zu tun. Und was machst
du mit deinem Goldstück?"
"Ich habe einmal an einem Buch

geknabbert. An einem sehr alten Buch.
Es hat mir gut geschmeckt. Darin habe
ich einen Satz gelesen: ‚Wissen ist
Stärke'. Darum gehe ich jetzt mit
meinem Goldstück zu einem Lehrer. Er

soll mir sagen, was ich lernen muß,
um stark zu werden und keine Angst
vor Katzen zu haben."
„Gute Idee!" piepste die erste Maus.
„Aber meine ist besser!"
Jede nahm ihr Goldstück zwischen die
Zähne und huschte davon.
Die eine, um den königlichen bengalischen Tiger zu suchen. Die andere zu
einem Lehrer.
„Nach einem Jahr treffen wir uns hier
wieder!" riefen sie einander zu. „Dann
erzählen wir uns, wie es uns
ergangen ist."

So haben sie es auch gemacht.

Nach einem Jahr trafen sie sich wieder.

„Grüß dich, alte Freundin!"

„Schön, dich wiederzusehen, liebe Maus."

„Wie geht es dir?"

„Oh, mir geht es prächtig. Ich habe einen Brief vom königlichen bengalischen Tiger in der Tasche, der erklärt, daß ich unter seinem persönlichen Schutz stehe. Den Brief habe ich bis jetzt nicht benutzt, aber es ist ein beruhigendes Gefühl, so einen Brief in der Tasche zu haben. Und was hast du gemacht? Hast du einen Lehrer gefunden? Was hast du von ihm gelernt?"

„Ja, ich habe einen Lehrer gefunden.

Ich habe ihm mein Goldstück gegeben,
und er hat mir das Bellen beigebracht."
„Du kannst jetzt bellen? Ho...ho...ho!"
Die erste Maus lachte sich kaputt. „Du
bist eine bellende Maus geworden?
Und für so was hast du dein schönes

Goldstück ausgegeben? Ich habe
immer gedacht, du bist ein bißchen
klüger, weil du so gern alte Bücher
frißt . . . ho-ho-ho!"
Sie lachte so laut, daß die Katze Elvira
sie hörte.
Bald war die Katze da.
Mit einem Sprung hatte sie die beiden
Mäuse erwischt. Die erste mit der
rechten, die zweite mit der linken Pfote.
„Miau! Das ist ein guter Fang. Jetzt
werde ich eine wunderschöne Mahlzeit
haben."
„Du freust dich viel zu früh!" piepste
die erste Maus, und holte ihren Brief
heraus. „Schau mal hier! Das ist ein
Brief vom königlichen bengalischen
Tiger. Du darfst mich nicht fressen. Ich

stehe unter seinem persönlichen Schutz. Verstanden?"

„Miauuu! Das glaube ich nicht!"

„Du brauchst es nicht zu glauben. Du sollst nur lesen!"

„Ich kann aber nicht lesen. Darum werde ich dich jetzt fressen!"

„Du wirst niemanden fressen!" piepste

jetzt die zweite Maus und begann
fürchterlich zu bellen.
„Wau-wau-wau!" Wie ein großer
Schäferhund.
Die Katze Elvira ließ in ihrem Schreck
beide Mäuse fallen. Sie jagte davon
und kletterte auf den nächsten Baum.
So hoch, daß sie nicht wieder herunter-
kam. Die Feuerwehr mußte sie
herunterholen.

Und die beiden Mäuse?
Sie lachten sich schief.
„Siehst du nun", sagte die zweite Maus,
„daß Wissen Stärke ist?"

Warum die Katzen eine Wut auf die Mäuse haben

Fünf Katzen hatten ein ganzes Jahr gespart. Dann kauften sie sich einen ganzen Laib Emmentalerkäse. Sie rollten ihn in ihren Keller und sagten zueinander: „Den heben wir uns für Weihnachten auf. Bis dahin ist der Käse ganz reif. Aber wir müssen gut aufpassen. Wir wissen ja, wie gern Mäuse Käse fressen."

32

Sie überlegten kurz und beschlossen:
eine wird immer Wache neben dem
Käse halten.
Die Maus Micki hatte den Käse natürlich bald gerochen.

„Hier riecht es nach wunderschönem
Emmentaler... hmm ..." piepste sie.
Sie hob ihre Nase und ging dem
Geruch nach.
So kam sie in den Keller. Sie sah den

wunderschönen Emmentaler und eine
Katze, die auf dem Käse lag.
Die Maus Micki kriegte einen Riesen-
schreck und rannte ins nächste Loch.
„Ich warne dich . . .", fauchte die Katze.
„Versuche nicht, diesen Käse zu klauen.
Was suchst du überhaupt hier?"
„Ich suche gar nichts. Ich kam ganz
zufällig vorbei."

„Mit so hoch erhobener Nase? Warum
war deine Nase so hoch erhoben?"
„Weil ich Schnupfen habe."
„Du lügst! Du warst sicher hinter dem
Käse her!"
„Stimmt nicht! Ich kann gar nicht
riechen, weil ich seit einer Woche
Schnupfen habe."
„Du lügst, daß sich die Balken biegen.
Aber ich warne dich. Dieser Käse
gehört mir und noch vier anderen

Katzen. Und wir bewachen ihn un-
unterbrochen. Du mußt einen großen
Bogen um diesen Keller machen, wenn
dir dein Leben lieb ist. Sonst bist du
eine tote Maus. Verstanden?"
„Verstanden", piepste die Maus. „Ich
werde diesen Käse niemals klauen.
Leider. . . das heißt, ich verspreche
es dir."

Es ist leichter, ein Versprechen zu geben,
als es zu halten.
So war es auch diesmal.
Ich werde sicher vor Sehnsucht nach
diesem Käse sterben . . . dachte die
Maus Micki bald. Oh, wie schön er
roch. Ich muß in den Keller!
Sie überlegte und überlegte, wie sie wohl

an den Käse kommen könnte.
Da hatte sie plötzlich eine Idee. Sie ging
zu einem Maulwurf, warf sich an
seinen Hals und rief laut: „Onkel,
Onkel!"
„Sind wir beide Verwandte?" fragte
erstaunt der Maulwurf.
„Aber natürlich. Weißt du das nicht?"
„Ich bin so beschäftigt unter der Erde,
daß ich nie darüber nachgedacht habe,
wer meine Verwandten sind."

„Doch. Wir sind Verwandte", erklärte ihm die Maus Micki. „Und weißt du, was die erste Verwandtenpflicht ist? Sich gegenseitig zu helfen."

„Gut!" nickte der Maulwurf. „Ich brauche aber deine Hilfe nicht. Brauchst du meine?"

„Ja. Und das dringend!"

„Was kann ich für dich tun?"

„Einen Gang unter die Erde graben. Zu einem Keller."

„Das tue ich gern", nickte der Maulwurf.

Und er begann sofort zu graben.

So kamen sie in den Keller. Genau unter den Käselaib.

Die Katze, die diesmal den Käse bewachte, schlief auf dem Käselaib.

Sie dachte, so
am sichersten
schnurrte leise:
Sie konnte gar
was unter ihr

könnte sie ihn
schützen. Sie
mrrrr... mrrr...
nicht ahnen,
passierte.

Von unten begann die Maus Micki
ganz mäuschenstill an dem Käse zu
knabbern. Ein Biß... noch ein Biß...
noch ein Biß. Sie fraß. Und fraß. Und
fraß. Und fraß...

So fraß sie glücklich wochenlang. Sie
machte in den Emmentaler immer
größere und größere Löcher.
Als die fünf Katzen zu Weihnachten
ihren gutbewachten Emmentaler
fressen wollten, fanden sie nur noch
einen ausgehöhlten Käselaib vor.

Mensch, das hat sie aber wütend
gemacht!
„Und wir haben uns so viel Mühe
gegeben, unseren Käse vor Mäusen zu
schützen ... Öh! Miauuu! Das werden
uns jetzt alle Mäuse büßen!"

Seit dieser Zeit haben alle Katzen eine
Riesenwut auf die Mäuse.

Elliehra is dof !!!

Schneider-Buch

© 1983 by Franz Schneider Verlag GmbH
8000 München 46 · Frankfurter Ring 150
Titelbild und Illustration: Ingeborg Haun
Redaktion: Monika Raoithol-Thaler
9. Auflage
ISBN 3 505 08417 4
Bestellnummer: 8417

Spannende SchneiderBücher von Dimiter Inkiow:

HABE ICH		WÜNSCHE ICH MIR
	JÜNGSTE LESER 1. und 2. Klasse **Kunterbunte Traumgeschichten** (Schreibschrift) Die lustigen Abenteuer von den dicken Maikäfern und anderen guten Freunden	
	Der grunzende König (Schreibschrift) und andere phantasievolle Geschichten	
	Der versteckte Sonnenstrahl (Schreibschrift) Eine liebe Geschichte von einer jungen Entenmama	
	Eine Kuh geht auf Reisen (Großdruck) Was die Kuh Sabine auf hoher See erlebt	
	Der Hase im Glück (Großdruck) 26 übermütige Geschichten	
	Maus und Katz (Schreibschrift) Vier mäusige Katzengeschichten	
	Kleiner Bär mit Zauberbrille (Schreibschrift) Das Bärenkind entdeckt mit seiner Brille eine Welt voller Wunder	
	Die fliegenden Bratwürstchen (Schreibschrift) Familie Clown hat eine echte Clownsidee	
	Das fliegende Kamel (Großdruck) Traumhafte 5-Minuten-Geschichten zum Vorlesen und Selberlesen	
	JUNGE LESER (Großdruck) 3. und 4. Klasse **Meine Schwester Klara · Serie (Band 1—9)**	

Gib diesen Wunschzettel Deinen Eltern oder Großeltern oder allen,
die Dir gerne eine Freude machen wollen.

URSULA ISBEL

Neue Tiergeschichten

Der kleine Danny kann vor Aufregung nicht
schlafen: Morgen ist sein Geburtstag, und
er hat sich so sehr einen jungen Hund
gewünscht. Ob sein großer Wunsch in
Erfüllung geht?
Drei einfühlsame Geschichten von Kindern
und ihrer Freundschaft mit Tieren.

Das Besondere dieses Buches:
Kinder brauchen und lieben Tiere. Daß Tiere aber
nicht nur zum Schmusen da sind, sondern auch
Arbeit und Verantwortung bedeuten, zeigen diese
Geschichten.

Schneider-
Buch

HELGA HÖFLE

Lauter lustige Lachgeschichten

Schöne Dinge sammeln — das macht Spaß!
Aber die Kinder in diesen Geschichten
sammeln nicht nur Steine oder Muscheln, sie
sammeln sogar — Lachen. Sie füllen es in
Brausepulvertüten und schenken es dem, der
es gerade nötig hat. Und so gibt es bald keine
traurigen, schlechtgelaunten, wütenden
Menschen mehr: alle sind fröhlich und lachen.

Das Besondere dieses Buches:
Die ersten Geschichten sind einfach und kurz, die Schrift ist
groß. Dann werden die Geschichten immer etwas schwieriger
und länger, die Schrift wird kleiner. Ein fröhliches
Leselernbuch!

Schneider-Buch